Heuristik, Studien und Praxisbezug. Kognition und Lernen

GRIN

Bibliografische Information der Deutschen Nationalbibliothek:

Die Deutsche Nationalbibliothek verzeichnet diese Publikation in der Deutschen Nationalbibliografie; detaillierte bibliografische Daten sind im Internet über http://dnb.d-nb.de abrufbar.

ISBN: 9783346909275
Dieses Buch ist auch als E-Book erhältlich.

Druck und Bindung: Books on Demand GmbH, Norderstedt Germany
Gedruckt auf säurefreiem Papier aus verantwortungsvollen Quellen

Das vorliegende Werk wurde sorgfältig erarbeitet. Dennoch übernehmen Autoren und Verlag für die Richtigkeit von Angaben, Hinweisen, Links und Ratschlägen sowie eventuelle Druckfehler keine Haftung.

Das Buch bei GRIN: https://www.grin.com/document/1372849

Einsendeaufgabe

Alternative C

SRH Fernhochschule – The Mobile University

Modul: Kognition und Lernen

Studiengang: Psychologie M. Sc.

Inhaltsverzeichnis

Tabellenverzeichnis

Aufgabe 1: Heuristiken

Grundsätzlich ist der Mensch bestrebt, korrekte Urteile und Entscheidungen zu treffen. Diese Eigenschaft wird mit dem Begriff Wahrheitsmotivation beschrieben. Sie ist auf die evolutionäre Entwicklung zurückzuführen, denn ohne ein möglichst effektives und adäquates Urteils- und Entscheidungsvermögen hätte der Mensch in seiner Umwelt nicht überleben können (Fischer/Jander/Krüger, 2018, S. 35).

Häufig treffen Menschen richtige Entscheidungen, doch auch Fehleinschätzungen unterschiedlicher Tragweite sind ubiquitär, d. h. sowohl im Alltag als auch in spezifischen Fachgebieten wie der Medizin verbreitet. Der Prozess der Entscheidungsfindung und die damit verbundenen Wirkmechanismen sind, nicht zuletzt wegen misslungener Urteilsbildungen, ein zentrales sozialpsychologisches Forschungsthema. Eine Wissensbasis stellen dabei die unterschiedlichen Heuristiken und ihre systematischen Fehlurteile dar, die im Folgenden näher beschrieben werden.

Der Begriff Heuristik geht auf das griechische Wort heuriskein zurück und bedeutet finden oder entdecken. Zunächst gelten Heuristiken als „Faustregeln", die dem Individuum helfen, komplexe Entscheidungsprobleme möglichst einfach und schnell zu lösen. Weil sie folglich spontan und intuitiv genutzt werden, erleichtern Heuristiken effektiv und ressourcenschonend den Alltag (von Nitzsch, 2021, S. 14). Oftmals sind sie nicht gänzlich korrekt, jedoch gut genug, um mit ihnen zurechtzukommen. Deshalb ist die Mindestanforderung, dass sie zu besseren Urteilen führen, ein reines Zufallsprinzip. Weil Heuristiken ein schnelles Ergebnis bzw. eine rasche Urteilsbildung ermöglichen, werden sie auch als „fast and frugal" bezeichnet, sparsam und schnell (Fischer et al., 2018, S. 36, Pfister/Jungermann/Fischer, 2018, S. 132). Der Begriff der Heuristik hat eine lange Tradition und wurde in den 70er Jahren von Tversky und Kahnemann geprägt (Renn, 2020, S. 53). Sie unterscheiden im Wesentlichen drei Arten von Heuristiken:

- Repräsentativitätsheuristik (representativity)
- Ankerheuristik (anchoring and adjustment)
- Verfügbarkeitsheuristik (availability)

1.1 Theorie und systematische Fehlurteile der Repräsentativitätsheuristik

Die Repräsentativitätsheuristik beruht auf Wahrnehmung und Vergleich. Das bedeutet, dass Urteile oder Entscheidungen einer Person davon gelenkt sind, ob und inwiefern Ähnlichkeiten zu bereits Erlebtem bzw. gemachten Erfahrungen und Beobachtungen vorhanden sind. Der Mensch ordnet einen Sachverhalt i. d. R. der Kategorie zu, für die der Sachverhalt typische Merkmale (auch Typikalität) aufweist (Werth/Denzler/Mayer, 2020, S. 58). In der Fachliteratur wird hierfür meistens das Beispiel eines Studenten präsentiert, dessen Fachzugehörigkeit aufgrund seines äußeren Erscheinungsbildes zugeordnet werden soll (bspw. Tversky/Kahnemann, 1972). Im englischen Sprachraum prägte der Dichter James Whitecomb hierfür den Satz: „If it looks like a duck, swims like a duck, and quacks like a duck, it is probably a duck." Whitecomb verdeutlicht, dass Dinge, Tiere oder auch Menschen der Kategorie zugeschrieben werden, für die sie besonders repräsentativ sind (Fischer et al., 2018, S. 42). Die Repräsentativitätsheuristik ist deshalb praktisch, weil sie kognitiv leicht zugänglich, schnell und mit wenig Aufwand verfügbar ist. Oftmals treffen die auf ihr gründenden Entscheidungen zu. Infolgedessen korreliert die Repräsentativität häufig mit der Wahrscheinlichkeit.

Nichtsdestotrotz gibt es typische Fehler, die nachfolgend beschrieben werden: Einer der häufigsten systematischen Fehler im Zusammenhang mit der Repräsentativitätsheuristik ist die Vernachlässigung der Basisrate. Unter der Basisrate versteht man eine Grundrate oder Wahrscheinlichkeit, mit der ein Ereignis überhaupt auftreten kann. Untersuchungen wie von Tversky und Kahnemann (1973) zeigten, dass statistischen Wahrscheinlichkeiten fälschlicherweise weniger Bedeutung zugestanden wird, wenn (proto)typische Merkmale für die Zuteilung zu einer bestimmten Kategorie vorliegen.

Die Insensitivität der Stichprobengröße beschreibt das Phänomen, dass die Unzuverlässigkeit kleiner Stichprobengrößen unterschätzt wird (Pfister et al., 2017, S. 135). Obgleich eine größere Stichprobe immer eine zuverlässigere Aussage liefert, wird auch schon eine kleine Stichprobe für aussagekräftig gehalten. Es bleibt unberücksichtigt, dass sie viel größeren Zufallsschwankungen unterliegt.

Die Vorstellung von Zufallsmerkmalen zeigt die Betonung zufällig aussehender Ergebnisse im Gegensatz zu solchen, die weniger zufällig erscheinen. Dies lässt sich am besten anhand des Beispiels der Geburtenfolge von Mädchen und Jungen demonstrieren: I. d. R. halten Befragte die Geburtenreihenfolge von Mädchen/Mädchen/Junge/Mädchen/Junge für wahrscheinlicher als die Reihenfolge Junge/Junge/Junge/Mädchen/Mädchen. Tatsächlich ist die statistische Wahrscheinlichkeit für beide Reihenfolge gleich, denn das Geschlecht eines Kindes ist unabhängig von dem des vorangegangenen Kindes (Kahnemann/Tversky, 1972, S. 430–454).

Lobt man einen Schüler nach einem besonders guten Ergebnis, wird er beim nächsten Mal vermutlich eine schlechtere Arbeit verfassen. Tadelt man einen Schüler nach einem besonders schlechten Ergebnis, wird er in der nächsten Klassenarbeit vermutlich eine bessere Leistung zeigen. Dies ist jedoch nicht auf das Lob und den Tadel zurückzuführen, sondern darauf, dass die beiden Ergebnisse jeweils Extrempunkte in der

Leistungskurve des Schülers darstellen und es statistisch wahrscheinlich ist, dass auf eine besonders schlechte Leistung eine bessere folgt und umgekehrt. Es handelt sich dabei um die Außerachtlassung der Regression zur Mitte, d. h. nach extremen guten oder schlechten Leistungen folgen Ergebnisse, die wieder näher am Durchschnitt liegen (Pfister et al., 2017, S. 135).

Eine typische Fehlannahme der Repräsentativitätsheuristik ist der Konjunktionsfehler. Dabei wird die Wahrscheinlichkeit von Konjunktionen überschätzt, d. h. obwohl das Auftreten eines Merkmals wahrscheinlicher ist, wird fälschlicherweise das Auftreten der Kombination von Merkmalen für wahrscheinlicher gehalten. Diese Beobachtung wird auch als „Linda-Problem" bezeichnet und geht auf die Wissenschaftler Tversky und Kahnemann (1983, S. 293–315) zurück. Der Grund für dieses Phänomen liegt darin, dass eine bestimmte Kategorie (Vgl. Linda-Problem: „Bankangestellte") um ein spezifisches, aber mit dem Exemplar übereinstimmendes Merkmal (Vgl. Linda-Problem: „Feministin") erweitert wird. Dadurch erhöht sich die Repräsentativität für dieses eine Exemplar (Linda) für speziell diese eine Kategorie (feministische Bankangestellte) und das Auftreten der Konjunktion wirkt wahrscheinlicher als das Auftreten eines einzelnen Merkmals (Bankangestellte oder Feministin) (Werth et al., 2020, S. 69).

1.2 Theorie und systematische Fehlurteile der Verfügbarkeitsheuristik

Die Verfügbarkeit (availability) zeigt nach Tversky und Kahnemann (1973) die Leichtigkeit, mit der Ereignisse aus dem Gedächtnis abgerufen werden können bzw. wie leicht diese vorstellbar sind. Dabei gilt: Je verfügbarer ein Ereignis ist, desto wahrscheinlicher erscheint es (Bröder/Hilbig, 2017, S. 635). Das Phänomen hat u.a. damit zu tun, dass der Mensch Dinge, die häufig passieren, besser abspeichert und sie ihm deshalb kognitiv besser zugänglich sind als seltene Geschehnisse. Hierdurch wird die Gedächtnisabhängigkeit der Verfügbarkeitsheuristik deutlich (Fischer, 2018, S. 40).

Auch die Verfügbarkeitsheuristik weist für sie typische Fehler auf: Die Beeinflussung der Lebhaftigkeit und Anschaulichkeit der Darstellung bringt zum Ausdruck, dass eben solche Ereignisse, die besonders lebhaft, anschaulich oder eindringlich sind, kognitiv leichter verfügbar sind. Beeinflusst ist dieses Phänomen bspw. davon, wie lange ein Ereignis her ist. Erlebte eine Person z. B. erst kürzlich einen Verkehrsunfall, wird sie das Vorkommen solcher Unfälle für wahrscheinlicher halten als eine Person, die noch nie einen Verkehrsunfall erlebt hat (Pfister et al., 2017, S. 137).

Die Beeinflussung der Präsenz beschreibt, dass saliente Ereignisse, also solche die präsenter als andere sind, für wahrscheinlicher gehalten werden, obwohl die relative Häufigkeit des Ereignisses gegen diese Annahme spricht. So herrscht etwa der Glaube vor, dass mehr Menschen durch Autounfälle als an Krebs sterben. Die Realität zeigt jedoch gegenteilige Zahlen. Möglicherweise sind Autounfälle bspw. durch Medienberichte präsenter als die Todeszahlen infolge von Krebserkrankungen (Pfister, 2017, S. 137).

Die Beeinflussung von Ereignisverknüpfungen besagt, dass die Urteilsbildung davon geleitet ist, welche Kombinationen von Ereignissen man gesehen hat. Dabei wird sogar ignoriert, dass man manche nie gesehen hat (Pfister et al., 2017, S. 137). Exemplarisch soll genannt sein, dass das Auftreten von Drogenkonsum mit gleichzeitiger Straffälligkeit überschätzt wird. Im Grunde gibt es nämlich vier mögliche Kombinationen: Drogenkonsum „ja versus nein" und Straffälligkeit „ja versus nein". Pfister et al. (2017, S. 138) bezeichnen das Phänomen auch als illusionäre Korrelation, d. h. man achtet v. a. auf positive Kontingenzen und weniger auf negative, weshalb erstere dann kognitiv verfügbarer sind.

Nicht zuletzt verdeutlichen die eigene und die fremde Perspektive, dass selbst ausgeführte Tätigkeiten kognitiv leichter abrufbar sind als solche, die eine andere Person tätigt. Der Verfügbarkeitsbias resultiert aus einer egozentrischen Perspektive bzw. der Unfähigkeit, sich in andere hineinzuversetzen (Pfister et al., 2017, S. 138). Sicoly und Ross (1979) demonstrierten dies an Eheleuten, die angeben sollten, wer von ihnen mehr Aufgaben im Haushalt erledige. Das Ergebnis zeigte, dass jeder Ehepartner davon überzeugt war, er selbst erledige den Löwenanteil.

In der jüngeren Vergangenheit wurde das Verfügbarkeitsprinzip verschiedentlich erweitert. Größere Relevanz hatte hierbei das Konzept der Verarbeitungsflüssigkeit (fluency). Damit ist allgemein die Leichtigkeit eines Prozesses gemeint wie bspw. die Tatsache, dass Aussagen eher für wahr erklärt werden, wenn sie leichter lesbar sind (Bröder/Hilbig, 2017, S. 635).

1.3 Theorie und systematische Fehler der Ankerheuristik

Die Ankerheuristik (genauer Verankerungs- oder Anpassungsheuristik, anchoring and adjustment) steht im Kontext der Einschätzung von numerischen Größen (Bröder/Hilbig, 2017, S. 635). Tversky und Kahnemann (1974) entwickelten die Idee, dass von einem Startwert, dem sog. Anker aus, Schätzungen gegeben und anschließend in die Richtung der finalen Antwort nachjustiert werden. Die Verankerungsheuristik kommt meistens dann zum Zug, wenn ein Urteil über eine quantitative Größe verlangt wird und die Antwort unsicher oder nur im Groben bekannt ist (Pfister et al., 2017, S. 139). Die Urteils- und Entscheidungsbildung wird durch das Setzen eines Ankerwerts maßgeblich beeinflusst. Diese Dynamik zeigt eine Anpassungsleistung, welche i. d. R. jedoch sehr ungenau ist und ggf. sogar auf irrelevanten Gründen fußt. Eine andere Erklärung der Ankerheuristik ist der Priming-Effekt, welcher besagt, dass der Anker als

Prime fungiere. Das bedeutet, durch ihn werden vorhandene Konzepte im Gedächtnis automatisch selektiv aktiviert (Pfister et al., 2017, S. 139).

Auch die Ankerheuristik zeigt systematische und typische Fehlurteile: Die Fehleinschätzung numerischer Größen drückt aus, dass v. a. bei Nichtwissen eine Zufallszahl intuitiv als Ankerwert zur Schätzung genutzt wird, unabhängig davon, ob sie logisch erscheint oder nicht.

Die Verzerrung der Erinnerung, auch Rückschaufehler (hindsight bias) genannt, zeigt, dass die Erinnerung systematisch in Richtung der korrekten Information verzerrt wird (Bröder/Hilbig, 2017, S. 636). Zur Demonstration dienen sog. Almanach-Fragen wie sie bspw. Pohl (2007) verwendete: „Wie lang ist der Rhein?" Nachdem Versuchspersonen eine Länge geschätzt hatten, wurde ihnen einige Tage später der korrekte Wert berichtet. Bei einer erneuten Abfrage sollten die Versuchspersonen angeben, wie ihre erste Antwort lautete. Es lässt sich beobachten, dass typischerweise ein Wert zwischen dem Erstgenannten bzw. der Schätzung und der wahren Antwort gegeben wird. Die Verankerung des neu gelernten und faktisch richtigen Wertes verzerrt die Antwort in Richtung der geschätzten Originalantwort. Die Funktionsweise dieser Verzerrung beruht auf Unsicherheit dahingehend, dass man sich nicht mehr genau an das erste Urteil erinnern kann. Erfährt man in der Zwischenzeit die faktisch korrekte Antwort, fungiert diese als Anker, der ungenau in die Richtung der Originalantwort angepasst wird (Bröder/Hilbig, 2017, S. 636).

Die fehlerhafte und unzureichende Vorstellung drückt die Tendenz aus, ideale Bedingungen bzw. Szenarien als Anker zu nutzen. Daraus resultierte die Schwierigkeit, sich reale oder gar schlechtere Bedingungen auszumalen (Pfister et al., 2017, S. 140).

Aufgabe 2: Studien

2.1 Fehldiagnose Aufmerksamkeitsdefizit- und Hyperaktivitätssyndrom

2.1.1 Relevanz der Thematik und Gegenstand der Studie

Ausgangspunkt der Studie „Fehldiagnose Aufmerksamkeitsdefizit- und Hyperaktivitäts-syndrom? Empirische Befunde zur Frage der Überdiagnostizierung" von Bruchmüller und Schneider (2012) ist die Tatsache, dass sowohl in Expertenkreisen als auch in der allgemeinen Öffentlichkeit die Meinung vorherrscht, das Aufmerksamkeits- und Hyper-aktivitätssyndrom (ADHS) sei überdiagnostiziert. Als Grund hierfür werden v. a. Heu-ristiken, insbesondere die Repräsentativitätsheuristik vermutet. Tatsächlich ist zum Zeitpunkt der Studie eine hohe Medienpräsenz der Thematik zu beobachten. Die stei-genden Zahlen sprechen weltweit für sich: Zwischen 1989 und 2001 gab es einen An-stieg der Diagnose ADHS um 381% und nicht nur die Häufigkeit der Verordnung von Methylphenidat hat in Deutschland zwischen 2006 und 2010 um 30% zugenommen, sondern auch die tägliche Dosis hat sich durchschnittlich um 10% erhöht (Bruchmül-ler/Schneider, 2012, S. 78-79). Bislang konnten Studien eine Überdiagnostizierung letztlich nicht nachweisen, legen sie jedoch nahe. Ursächlich für die Anstiege könnte theoretisch auch eine bisherige Unterdiagnostizierung sein. Diese These tritt allerdings in den Hintergrund, betrachtet man weitere Hinweise, wie z. B das Alter und das Ge-schlecht der Patienten. Jüngere Kinder, etwa im Grundschulalter und Jungen, erhalten vergleichsweise häufig die Diagnose ADHS. Die Begründung dazu liegt wohl in der geringeren motorischeren Reife, die fälschlicherweise als ADHS-Symptome fehlinter-pretiert wird (Bruchmüller/Schneider, 2012, S. 79). Insbesondere das Ungleichgewicht des Geschlechterverhältnisses von 1:9 gibt den Autoren der Studien Hinweise darauf, dass Heuristiken bzw. Verzerrungen bei der Diagnose eine wesentliche Rolle spielen könnten. In diesem Fall würden Therapeuten prototypische Hauptsymptome stärker gewichten und weniger im Vordergrund stehende Ausschlusskriterien (unabsichtlich) unbeachtet lassen. Diese Dynamik wäre entgegen einer professionellen und sachli-chen Diagnosestellung nach dem ICD-10-Verzeichnis mit der Folge einer Überdiag-nostizierung. Für die Praxis bedeutet dies bspw., dass ein männliches Kind mit be-stimmten ADHS-Symptomen die Diagnose vergleichsweise schneller bekommt als ein Mädchen des gleichen Alters und mit den gleichen Symptomen.

2.1.2 Studiendesign und Teilnehmer

Um zu überprüfen, ob insbesondere die Repräsentativitätsheuristik bei der Diagnose-stellung eine Rolle spielt, führten Bruchmüller und Schneider (2012) eine Untersuchung mit Fallvignetten unter Kinder- und Jugendlichentherapeuten durch. Hierfür wurden

1000 Kinder- und Jugendlichentherapeuten zufällig aus dem Adressregister der Kassenärztlichen Vereinigung Baden-Württemberg, Bayern, Hessen und Niedersachsen gezogen (Bruchmüller/Schneider, 2012, S. 81). Jeder Therapeut erhielt per Post eine Fallgeschichte und einen Fragebogen. Die Experten sollten anhand der Fallgeschichte eine Diagnose stellen. Die Beteiligung betrug 47% (N=473). Aufgrund entsprechender Vergleichsdaten durfte die Stichprobe als repräsentativ für die Grundgesamtheit von Kinder- und Jugendlichentherapeuten der einbezogenen Bundesländer betrachtet werden. Von der Fallgeschichte wurden vier Versionen erstellt, die dann sowohl mit Jungen- als auch mit Mädchennamen ("Lea und Leon") versehen wurden, sodass es insgesamt acht Fallvignetten gab.

Version 1	„Diagnose ADHS": Alle ICD-10 Kriterien für ADHS sind erfüllt.
Version 2	„Diagnose kein ADHS": Das Symptomkriterium A war erfüllt, B und C jedoch nicht.
Version 3	„Diagnose kein ADHS": Die Symptomkriterien A, B und C sind nicht vollständig erfüllt.
Version 4	„Diagnose kein ADHS": Es wurde eine generalisierte Angststörung beschrieben.

Tabelle 1: Übersicht Fallvignetten

Quelle: Eigene Darstellung

Die Zuordnung der Fallvignetten zu den Therapeuten erfolgte nach dem Zufallsprinzip. Sie sollten dann auf Basis der Fallschilderung eine Diagnose stellen und darüber hinaus angeben, ob und wenn ja, welche medikamentöse oder psychotherapeutische Behandlung sie für angebracht halten (Bruchmüller/Schneider, 2012, S. 82).

2.1.3 Ergebnisse und Schlussfolgerungen

Die Analyse zeigt, dass 16,7% der Therapeuten für die Versionen 2 bis 4 eine ADHS-Diagnose stellten. Weitere 5,8% sprachen eine Verdachtsdiagnose für ADHS aus. Weitere 57% der Experten stellten eine andere Diagnose und 10,2% vergaben keine Diagnose. Zu wenig Informationen, um eine Diagnose stellen zu können, monierten 9,9% der Befragten. Für die erste Fallvignette vergaben 78,9% der Therapeuten eine ADHS-Diagnose und 4,4 eine Verdachtsdiagnose. Lediglich 7% vergaben hierfür eine andere Diagnose und 9,6% attestierten zu wenige Informationen. Vergleicht man die falsch-positiven Diagnosen (Fall 2 bis 4, 16,7%) mit den falsch-negativen Diagnosen (7%), ist zu erkennen, dass der Anteil der falsch-positiven Diagnosen signifikant höher ist als

11

der Anteil der falsch-negativen Befunde (Bruchmüller/Schneider, 2012, S. 82). Folglich trifft die Hypothese der Überdiagnostizierung von ADHS zu.

Weiter ist festzustellen, dass die Fallvignetten mit den Jungennamen signifikant häufiger die Diagnose ADHS bekommen als die Mädchen. Und zwar waren es für die Versionen 2 bis 4 doppelt so viele Jungen wie Mädchen. Auch hier bewahrheitete sich die anfängliche Hypothese.

Die Untersuchung zeigt folglich, dass ADHS auch dann festgestellt wird, wenn bestimmte Diagnosekriterien nach dem ICD-10 nicht erfüllt sind. Besonders betroffen sind hiervon Jungen. Bruchmüller und Schneider (2012, S. 84) erklären die Beobachtung damit, dass die Diagnostiker beim Auswerten der Fallvignetten, anstatt systematisch die ICD-10-Kriterien zu klären, auf Heuristiken zurückgreifen. Im Fokus stehen dabei die Repräsentativitäts- (bspw. unruhige Jungen im Grundschulalter) und die Verfügbarkeitsheuristik (bspw. ADHS in den Medien). Äußerst problematisch ist das Vorgehen deshalb, weil bspw. Medikamente und Therapien zur Anwendung kommen, die im Grunde nicht indiziert sind. Welche Auswirkungen daraus resultieren, ist nicht geklärt. Zur Vermeidung solcher Fehldiagnosen ist zunächst ein Bewusstwerden der Diagnostiker bezüglich des Problems unumgänglich. Die im Alltag durchaus sinnvolle Anwendung von Heuristiken verzerrt in der klinischen Praxis eine objektive Diagnosestellung. Im Zentrum steht dabei die Repräsentativitätsheuristik, bei der auf prototypische Symptome referiert wird und Ausschlusskriterien unbeachtet bleiben.

Die Autorinnen empfehlen die Verwendung von strukturierten Interviews oder andere Instrumente zur standardisierten Befunderhebung, um Fehldiagnosen durch Heuristiken vorzubeugen (Bruchmüller/Schneider, 2012, S. 85).

2.2 „Geben Sie ihm doch einfach fünf Jahre!"

2.2.1 Relevanz der Thematik und Gegenstand der Studie

Der Erläuterung der Studie *„Geben Sie ihm doch einfach fünf Jahre!" – Einflüsse parteilicher Zwischenrufer auf die richterliche Urteilsfindung* sollen folgende Basisinformationen bzw. Untersuchungen zum Ankereffekt im juristischen Bereich vorangestellt werden: Obwohl juristische Urteile den Anspruch haben objektiv, gerecht und unverzerrt zu sein, sind sie eben dies freilich nicht. Verantwortlich dafür sind vielseitige Einflussfaktoren, wie etwa die Hautfarbe, politische Zugehörigkeit, die rhetorische Schulung der Anwälte oder die Attraktivität der Täter (Englich, 2005, S. 216). Analysen zeigen, dass Richter bei identischem Fallmaterial zu äußerst unterschiedlichen Urteilen kommen (Urteilsdisparität) (z. B. Diamond, 1981). Aufgrund dessen ist davon auszugehen, dass Urteile unter Unsicherheit gefällt werden. Weiter handelt es sich häufig um numerische Entscheidungen (bspw. Haftstrafen, Schadensersatzzahlungen,

Schmerzensgeld). Zudem zeigt sich häufig eine Korrelation zwischen der Forderung des Staatsanwalts und dem richterlichen Urteil im erstinstanzlichen Verfahren. Aus diesen drei Gründen müsste die Urteilssprechung nach Englich (2005, S. 216) anfällig für den Ankereffekt sein.

Die Studie von Birte Englich (2005) widmet sich zwei konkreten Fragestellungen: Zum einen soll eruiert werden, wo die Grenzen von Ankereffekten im juristischen Kontext liegen (Fragestellung I). Dabei untersucht sie bspw., ob es einen Punkt gibt, an dem der Ankereffekt „kippt", d. h., die Beeinflussung so offensichtlich ist, dass der Anker in die Urteilsfindung nicht mehr einbezogen wird. Zum anderen untersucht die Wissenschaftlerin, inwieweit ein Mindestmaß an Beschäftigung mit dem Ankerwert eine notwendige Bedingung für Ankereffekte darstellt (Fragestellung II) (Englich, 2005, S. 217). Im Fokus steht hier die Frage, ob es Richter vor dem Ankereffekt schützt, wenn sie nicht über ihn nachdenken, sondern gleich ein Urteil sprechen.

2.2.2 Studiendesign und Teilnehmer

Für die Studie wurde ein 2x2-faktorielles Design mit folgendem Szenario geschaffen: Während der Verhandlung eines Vergewaltigungsfalles fordert ein offensichtlich parteiischer Zwischenrufer entweder „Geben Sie ihm doch fünf Jahre" (hoher Anker), oder „Geben Sie ihm doch einfach frei!" (niedriger Anker). Anschließend wird er des Saales verwiesen (Englich, 2005, S. 219). Bei der Personalienaufnahme durch den Richter zeigt sich, dass es sich um einen Freund des Opfers (hoher Anker) oder um einen Freund des Angeklagten (niedriger Anker) handelt. Vorab bekamen die teilnehmenden Juristen ausführliche Fallmaterialien mit Sachverhaltsschilderungen, Zeugenaussagen, Sachverständigengutachten usw.

Eine Gruppe der Juristen wurde der Bedingung, „Beschäftigung mit der Ankervorgabe" zugeteilt. Dazu sollten sie sich vorstellen, sie würden sich in einer Verhandlungspause mit einem Kollegen über den Zwischenrufer unterhalten. Gegenstand des Gesprächs sollte sein, ob sie die Forderung des Zwischenrufers als zu hoch, zu niedrig oder genau richtig einstufen würden. Anschließend sollten die Richter ein Urteil fällen. Eine andere Gruppe erhielt die Bedingung „ohne Beschäftigung mit der Ankervorgabe". Diese Juristen wurden direkt nach dem Zwischenruf nach ihrem Urteil gefragt. In beiden Gruppen wurde das Strafmaß in Monaten mit einer offenen Frage ermittelt („Welches Strafmaß würden Sie als Richter oder Richterin verhängen?"). Nebstdem sollten die Juristen angeben, ob sie die Strafe zur Bewährung aussetzen („unter Strafaussetzung zur Bewährung") oder nicht („ohne Strafaussetzung zur Bewährung"). Schließlich wurden die Befragten gebeten anzugeben, wie sicher sie sich in ihrem Urteil waren und ob Zwischenrufe ihre Urteilsfindung beeinflusst hätten.

An der Studie nahmen 177 Rechtsreferendare teil, die alle das erste juristische Staats-
examen bereits abgelegt hatten. Auch die Strafstation hatten 98% der Teilnehmer
schon geleistet. Das durchschnittliche Alter belief sich auf 27,44 Jahre. Es nahmen 65
Frauen und 112 Männer an der Untersuchung teil, die gleichmäßig über die vier Ver-
suchdesigns verteilt wurden. Die Zuweisung erfolgte nach dem Zufallsprinzip.

2.2.3 Ergebnisse und Schlussfolgerungen

Die Auswertung der Daten zeigte eine große Disparität: Die richterlichen Urteile
schwankten zwischen einem Freispruch und einer Freiheitsstrafe von 66 Monaten
ohne Aussetzung zur Bewährung. Bis auf vier Teilnehmer gaben alle Personen an, die
Strafmaßforderung des Zwischenrufers hätte die Entscheidung nicht beeinflusst (Englich, 2005, S. 219). Lediglich 2% der Rechtsreferendare hielten eine Beeinflussung für
möglich.

Entsprechend der Erwartung zeigte sich mittels einer 2x2-Anova ein deutlicher Ankereffekt der Zwischenrufforderung auf das Strafmaß. Ebenfalls wie vermutet hing die Beobachtung davon ab, ob sich die Teilnehmer mit dem Zwischenruf beschäftigt hatten
oder nicht. In der Gruppe, die in der Verhandlungspause mit einem Kollegen den Zwischenrufer thematisierten, war eine deutliche Annäherung an dessen Forderung zu
beobachten. Bezugnehmend auf die hohe Forderung ergaben sich im Durchschnitt
32,81 Monate und auf die niedrige Forderung nur 23,27 Monate. Kein Ankereffekt
zeigte sich in der Gruppe, die sich nicht mit dem Zwischenrufer beschäftigte. Außerdem
urteilte die Gruppe mit der Bedingung „Beschäftigung mit der Ankervorgabe" insgesamt
höhere Strafen. In der Studie konnte kein Einfluss des Geschlechts auf die Variablen
„Ankervorgabe" und „Beschäftigung mit der Ankervorgabe" eruiert werden (Englich,
2005, S. 222).

Bezüglich der Einstufung, ob die Rechtsreferendare die Forderung zu niedrig, zu hoch
oder genau richtig bewerteten, entstand ein inhomogenes Bild. Auffallend ist jedoch,
dass der Ankereffekt in der Gruppe „mit Beschäftigung" auch dann auftritt, wenn die
Zwischenrufforderung als unangemessen bewertet wurde.

Die Untersuchung zeigt deutlich, wie sehr Zwischenrufe in Verhandlungen unterschätzt
werden: Entgegen der Angaben von 98% der Rechtsreferendare zeigte sich ein deutlicher Einfluss des Zwischenrufers auf das Strafmaß (Englich, 2005, S. 222). Um diese
Dynamik zu unterbinden, rät die Autorin, nach Zwischenrufen unbedingt Gegenargu-
mente gegen solche Forderungen zu generieren (Englich, 2005, S. 223). Für weitere
Lösungen der Problematik bedarf es allerdings geeigneter Studien.

Aufgabe 3: Praxisbezug

3.1 Praxisfeld

In Kliniken und Praxen werden täglich unzählige Entscheidungen gefällt – nicht wenige davon mit großer Tragweite. Jeder Arzt möchte nach bestem Gewissen richtige Diagnosen stellen und dennoch gelingt dies nicht immer. Neben den Auswirkungen auf das Individuum und dessen Lebensqualität sowie u. U. Lebenslänge wirken sie sich auch auf die Behandlungskosten aus. Korrekte Diagnosen, die allerdings (zu) spät gestellt werden, verursachen einen hohen finanziellen Aufwand für das Gesundheitssystem (Gäbler, 2017, S. 333). Einerseits ist es nötig, dass Ärzte auf ihre Erfahrung zurückgreifen und von ihrer Routine profitieren, weil viele Entscheidungen unter Zeitdruck getroffen werden müssen. Andererseits birgt genau diese Art der Entscheidungsfindung Gefahren, wenn sie unreflektiert und zu wenig analytisch ist (Kargl, 2022, S. 73). Diagnosefehler durch kognitive Verzerrungen passieren insbesondere durch intuitive Entscheidungssituationen, bei denen häufig und automatisch die in Aufgabe 1 beschriebenen Heuristiken greifen.

3.2 Fallbeschreibung[1]

Ein 4-jähriges Mädchen sucht mit ihrer Mutter im Hochsommer in Zeiten der Corona-pandemie den Pädiater auf. Nach einer langen Wartezeit aufgrund zahlreicher Patienten berichtet die Mutter in Kürze, das Kind sei appetit- und antriebslos. Die größere Schwester habe vor kurzem einen Infekt mit Erbrechen und Fieber gehabt. Bislang dachte sie, die 4-Jährige habe sich angesteckt. Die Symptome halten jedoch seit über eine Woche an und sie hat das Gefühl, ihre Tochter werde immer müder und schwächer, außerdem verliert sie Gewicht. Gestern klagte die Tochter zudem über Übelkeit. Der Kinderarzt untersucht das Mädchen und stellt außer einer regen Darmperistaltik keine weiteren von außen sicht- oder tastbaren Auffälligkeiten fest. Er artikuliert der Mutter gegenüber, dass weitere Kenntnisse nur über eine Blutuntersuchung möglich wären, welche er dem Mädchen noch ersparen wolle. Der Pädiater vermutet einen abklingenden Magen-Darminfekt und verschreibt eine Elektrolytlösung. Er fragt, ob das Kind auffallend viel trinke oder Wasser lassen müsse. Die Mutter erkundigt sich, was denn „oft" wäre. Der Kinderarzt nennt die Zahl 10, meint aber, dass das individuell natürlich unterschiedlich sein kann. Die Mutter antwortet, dass das Kind aufgrund der Hitze der letzten Tage natürlich schon mehr trinke als sonst, allerdings sei das bei den

---

[1] Es handelt sich hier um ein von der Autorin erlebtes Fallbeispiel mit ihrer Tochter.

Temperaturen ja kein Wunder. Dementsprechend habe ihre Tochter auch öfter Wasser gelassen, sie halte dies aber nicht für ungewöhnlich. Trotz der Elektrolytlösung geht es der 4-Jährigen zunehmend schlechter. Bald liegt sie nur auf dem Sofa und spielt nicht mehr mit ihrer Schwester. Die Eltern sind sehr besorgt und konsultieren schließlich die Notfallambulanz der Universitätsklinik. Nach einer ersten Eingangsuntersuchung bittet der diensthabende Arzt um eine Urinprobe. Es stellt sich heraus, dass das Kind einen Blutzucker von über 600 mmol/dl aufweist. Die Diagnose Diabetes 1[2] wird von einem anschließenden Bluttest bestätigt. Das Mädchen befindet sich bereits in einer Ketoazidose[3], einer ernstzunehmenden Stoffwechselentgleisung, die bei Nichtbehandlung zum Tod führt. Es folgt ein 14-tägiger Klinikaufenthalt, bei dem das Kind und die Eltern in die Insulinpumpentherapie eingeführt werden.

3.3 Anwendung auf das Praxisbeispiel

Im vorliegenden Beispiel ist zunächst die Repräsentativitätsheuristik erkennbar: Sowohl für die Mutter als auch für den Kinderarzt liegt zunächst auf der Hand, dass sich die 4-Jährige bei ihrer Schwester angesteckt und einen Infekt hat. Die Symptome „appetit- und antriebslos" sind typisch für dieses Krankheitsbild. Auch die Symptome der Schwester (Erbrechen und Fieber), bei der sich das Mädchen wohl angesteckt hat, sprechen für eine Viruserkrankung. Dass sich Geschwister gegenseitig anstecken, ist überdies ein typisches Phänomen, das häufig zu beobachten ist. Weiter ist die rege Darmperistaltik ein häufiges Zeichen eines Magen-Darminfekts, welches den Kinderarzt zu seiner Diagnose geführt hat. Zusammenfassend lässt sich hier eine klare Typikalität, wie sie von Werth et al. (2020, S. 58) dargelegt wird, beobachten. Der Kinderarzt hat die ihm vorliegende Situation mit den beschriebenen Beschwerden der Mutter schon oft erlebt und sieht Ähnlichkeit zu anderen Patienten, die solche Symptome vorwiesen und einen Infekt hatten. Daraus schlussfolgert der Pädiater, dass er den Sachverhalt der „Kategorie Infekt" zuordnen kann.

Ebenso ist an diesem Beispiel die Verfügbarkeitsheuristik zu erkennen: Eines der alltäglichsten Krankheitsbilder in Kinderarztpraxen sind wohl Viruserkrankungen. Die genannten Beschwerden kommen häufig vor, weshalb sie leicht aus dem Gedächtnis

---

[2] Diabetes 1 ist die häufigste chronische Erkrankung im Kindes- und Jugendalter, die eine hochdifferenzierte Therapie erfordert. Sie umfasst mehrmalige tägliche Insulininjektionen oder die Insulinzufuhr über eine Insulinpumpe. Besondere Risikofaktoren stellen die Hyper- und Hypoglykämie, Erbrechen und Infekte dar. Insbesondere Kinder sind rund um die Uhr auf die Hilfe ihrer Eltern angewiesen (Herbst/Kiess, 2007, S. 286). Diabetes 1 ist eine Autoimmunerkrankung, bei der die Betazellen des Pankreas zerstört werden und sich infolgedessen ein absoluter Insulinmangel einstellt (Otto, 2021, S. 73).

[3] Die diabetischen Ketoazidose stellt einen klinischen Notfall dar, der durch eine potentiell lebensbedrohliche Stoffwechselentgleisung (einer „Übersäuerung des Blutes") gekennzeichnet ist (Otto, 2021, S. 18).

abrufbar bzw. kognitiv sehr leicht verfügbar sind. Aufgrund der Informationslage und der Häufigkeit solcher Symptome in seiner Praxis, ist der Infekt das erste, was ihm in den Sinn kommt. Er nennt zwar die Option der Blutuntersuchung, sieht aber noch keinen akuten Handlungsbedarf. Die Idee eines Urintests spricht er nicht an. Sicherlich kommt die Methode der Zuckerbestimmung im Urin seltener vor und ist somit nicht so zugänglich wie die Symptome des Infekts. Nach Bröder und Hilbig (2017, S. 635) ist an dieser Situation genau die Dynamik beobachtbar, dass Vorkommnisse, die häufig passieren (Infekte), für wahrscheinlicher gehalten werden, als solche, die sich seltener zeigen (Diagnose Diabetes 1). Überdies kommt hinzu, dass die Coronapandemie Viruserkrankungen in den Vordergrund rückte.

Zuletzt ist auch die Ankerheuristik in diesem Fallbeispiel vorhanden: Der Kinderarzt gibt an, dass 10-maliges Wasser lassen am Tag „häufig" wäre. Mit dieser Vorgabe hat er der Mutter einen Anker gesetzt, der sich auf ihre Antwort auswirkt (Bröder/Hilbig, 2017, S. 635). Hinzu kommt die psychisch angespannte Situation, in der sich die Frau befindet, weil sie sich Sorgen um ihre Tochter macht. Es besteht an diesem Punkt die Möglichkeit, dass die Mutter ihre Antwort an den vorgegebenen „Ankerwert" anpasst. Wenn sie erfährt, dass 10-maliges Wasser lassen häufig wäre, justiert sie ihre Antwort eventuell sogar unbewusst nach unten, um den Anlass zur Sorge nicht zu intensivieren. Hier könnte „Selbstschutz" eine Rolle spielen. Nebstdem kann der Anker jedoch einfach als Orientierung einer Größenordnung dienen, von dem aus sie dann möglichst schnell eine Einschätzung abgibt. Fraglich bleibt, wie die Antwort ohne den Anker ausgefallen wäre. Zusammenfassend greift hier die Ankerheuristik, weil die Mutter ein Urteil über eine quantitative Größe abgeben soll, deren Antwort sie nicht genau kennt. Infolgedessen passt sie die Antwort an den vom Kinderarzt genannten Ankerwert an (Pfister et al., 2017, S. 139).

An dieser Stelle soll angemerkt sein, dass im Bereich der Medizin von einem verankerten Fehler gesprochen wird, wenn an einer ersten Diagnose festgehalten wird, obwohl es widersprüchliche Symptome gibt. Auf das vorliegende Beispiel übertragen hätten die Informationen, dass die Symptome bereits seit zwei Wochen bestehen, kein Fieber und kein Erbrechen (wie bei der Schwester) auftraten, erste widersprüchliche Angaben zu einem Infekt sein können. Sodass dann ggf. eine weitere Diagnose hätte eingeleitet werden müssen (bspw. Blut- und/oder Urinuntersuchung) (Mandell, 2021). Der dargelegte Fall zeigt weiter einen in der Medizin leider recht häufig auftretenden Fall von „search satisfaction", d. h. Zufriedenheit mit dem Suchergebnis (Kargl, 2022, S. 75). Darunter versteht man das Entdecken von Auffälligkeiten, nach dem dann versäumt wird, nach weiteren pathologischen Befunden zu suchen. So hätte der Pädiater bspw. ohne Schmerz für das Kind einen Urintest durchführen können, um die Diagnose

Diabetes 1 auszuschließen. Hierfür wäre nicht einmal die erwähnte Blutuntersuchung nötig gewesen. Diese Intervention unterlässt er jedoch, weil er an den Anzeichen für einen Infekt festhält.

Ein weiterer in der Medizin typischer Sachverhalt sind Zeitdruck und Stress, wie sie sowohl in Praxen als auch in (Notfall-) Ambulanzen anzutreffen sind (Kargl, 2022, S. 77). Auch in dem vorliegenden Beispiel waren zahlreiche Patienten in der Praxis, zumal noch unter erschwerten Abstandsbedingungen, wie sie die Coronapandemie forderte.

3.4 Möglichkeiten zur Vermeidung von kognitiven Verzerrungen

Schließlich bleibt die Frage, wie solche Fehlschlüsse verhindert werden können. Grundsätzlich gibt es die Methode des „Debiasing". Hierunter versteht man zunächst das Vorgehen, in „Entscheidungssituationen aktiv über das eigene Denken zu denken" (Kovic, 2018, S. 186). Es handelt sich um eine Metakognition mit dem Ziel, automatisierte Denkmuster durch reflektierte und begründete Denkweisen zu differenzieren. Je nach Fachgebiet gibt es hierzu variierende Methoden. Speziell in der Medizin gründet der Diagnoseprozess auf einer Blick- und einer Differentialdiagnose. Erstere steht im Fokus dieser Arbeit, denn sie basiert auf dem Erkennen von Mustern bzw. auf Heuristiken. Man spricht dabei auch von „schnellem Denken", weil sie v. a. intuitiv passiert. Die Differentialdiagnose hingegen beruht auf analytischem Abwägen der klinischen Symptome, Befunde und mündet in Verdachtsdiagnosen. Für sie ist „langsames Denken" vonnöten (Gäbler, 2017, S. 334-335). Die strikte Trennung der beiden Denkweisen besteht jedoch nur theoretisch, in der Praxis gehen sie Hand in Hand.

Eine inzwischen weit verbreitete und aus wissenschaftlichen Kreisen empfohlene Methode ist das Clinical Reasoning. Darunter versteht man ein „klinisch orientiertes logisches Denken". Auf diese Weise sollen Denkvorgänge bewusst gemacht und Vorgehensweisen während des Diagnoseprozesses überprüft und hinterfragt werden (Dölken, 2006, S. 193). Der Vorteil dieser Methode liegt darin, dass sie die heuristische Denkweise, also das schnelle Erkennen von Mustern (bspw. aufgrund von Erfahrungen) nicht ausschließt. Vielmehr billigt sie den Heuristiken ihre Effektivität zu, wenn sie anschließend vor der endgültigen Diagnosestellung nochmals angemessen überprüft werden. Triacca, Gachoud und Monti (2018, S. 306-307) spezifizieren das Clinical Reasoning weiter und beschreiben die „dual process theory" (duale Prozesstheorie). Sie beruft sich auf die zwei Gedächtnisformen unserer Denkstruktur: Mit dem (begrenzten) Arbeitsgedächtnis werden erste Einschätzungen und Beurteilungen durchgeführt. Aus dem (unbegrenzten) Langzeitgedächtnis können dann gespeicherte Erinnerungen abgerufen und mit der aktuellen Situation abgeglichen werden. Welche Denkart im Vordergrund steht, richtet sich danach, ob der Arzt mit dem Patientenbild bereits vertraut ist oder nicht. Findet er eine ihm bekannte Situation vor, steht der automatisierte Abgleich mit ähnlichen Erfahrungen aus dem Langzeitgedächtnis im Vordergrund und das Arbeitsgedächtnis ist entlastet. Findet er sich jedoch in einer neuen und unbekannten Situation, steht der hypothetisch-deduktive Analyseprozess im Fokus, d. h., die Bildung diagnostischer Hypothesen und ihre Überprüfung anhand klinischer Untersuchungsinformationen. Hierbei ist das Arbeitsgedächtnis sehr gefordert (Triacca et al., 2018, S. 305). Die beiden Denkweisen laufen im Sinne des „schnellen und langsamen Denkens" parallel und im Wechsel ab. Entscheidend ist, dass beim Clinical Reasoning nicht ausschließlich das Langzeitgedächtnis, also der Abgleich mit bereits bestehenden Erfahrungen, genutzt werden darf. Studien zeigten, dass der Ursprung von kognitiven Verzerrungen überwiegend mit nicht-analytischem Reasoning zusammenhängt. An dieser Stelle ist anzumerken, dass die verkürzte und dadurch unprofessionelle Arbeitsweise häufig einer Überlastung des Praxis- und Klinikalltags geschuldet ist. Diagnosefehler aufgrund kognitiver Verzerrungen passieren v. a. wegen Zeitdruck, Stress, vollen Sprechstunden, Müdigkeit, Schlafmangel, Überlastung und zu wenig Personal (Triacca et al., 2018, S. 306). Nebstdem sind erfahrene Ärzte für solche Fehldiagnosen anfälliger als junge und unerfahrene Kollegen. Der Grund liegt in einer unvollständigen Datensammlung und Hypothesenbildung, unvollständigen Anamnese und unvollständigen körperlichen Untersuchung. Infolgedessen kommt es zu einem zu frühen Abschluss der Diagnostik, wobei die Differentialdiagnostik zu kurz kommt.

Schließlich empfehlen Triacca et al. (2018, S. 307) eine Art Basisvariante des Clinical Reasonings, welches unter „Good Practices" des Clinical Reasonings zusammengefasst wird:

Der erste Schritt (A) unterstützt das Vertrauen in den ersten Eindruck, wie er durch Heuristiken gewonnen wird. Allerdings soll man sich angewöhnen, ihn mittels drei einfacher Fragen zu überprüfen. Dies dient insbesondere der Vermeidung eines zu frühen diagnostischen Abschlusses. Die Fragen lauten: Stimmen alle Aspekte mit meiner Diagnose überein bzw. erklärt meine Hypothese die bei diesem Patienten festgestellten Aspekte? Welche Diagnose darf ich in dieser Situation nicht vergessen? Wenn es nicht das ist, woran ich denke, was könnte es dann sein? Der nächste Schritt (B) steht im Sinne des Bewusstwerdens, dass bestimmte Umstände oder Situationen das Risiko für kognitive Verzerrungen erhöhen. Hierzu gehören einerseits äußere Faktoren wie Arbeitsklima, volle Sprechstunde oder häufige Unterbrechungen. Andererseits persönliche Faktoren wie Müdigkeit, Stress persönliche oder gesundheitliche Probleme. Weiterhin zählen auch patientenbezogene Faktoren wie z. B. Kooperationsbereitschaft hierzu. In einem dritten Punkt (C) ist zu reflektieren, wann einschlägige Quellen hinzugezogen werden sollten und man sich nicht nur auf das eigene Gedächtnis und die

Erfahrungen verlässt. Es müssen dann evidenzbasierte Daten aus klinischer Literatur oder Richtlinien durchgesehen werden. Zuletzt in komplizierten Fällen (D) stehen die Kooperation und Beratung mit Fachkollegen an (Triacca et al., 2018, S. 307). Neben diesen spezifisch für Ärzte geltenden Empfehlungen sollten zudem weitere Punkte zur Vermeidung kognitiver Verzerrungen berücksichtigt werden: Zwischen Gesundheitsfachleuten, Patienten und ihren Familien bedarf es einer effektiveren Zusammenarbeit. Gesundheitsfachleute sollten ein spezifiziertes Training im Bereich Diagnostik erhalten. Eine Unterstützung durch Informationstechnologien, welche die Diagnostik sicherer machen und vereinfachen, wäre zudem sinnvoll. Zweifelsohne liegen hierin Zukunftsperspektiven in der Hinsicht, dass durch Computerprogramme Zugriff auf riesige Datenbanken besteht, die in Verbindung mit der diagnostischen Erfahrung des Arztes und einer guten Kommunikation mit dem Patienten ein bestmögliches Ergebnis erzielt werden kann. Nicht zuletzt ist ein vertrauensvolles Arbeitsklima zu schaffen, in dem Feedback und Kommunikation als wertvoll angesehen sind und eine Kultur herrscht, in der über Fehler gesprochen wird, anstatt sie zu verschweigen (Triacca et al., 2018, S. 307).

Bezugnehmend auf die Fallbeschreibung hätte im Sinn der „Good Practices" eines Clinical Research die Möglichkeit bestanden, einen für das Kind schmerzfreien, recht unkomplizierten und wenig Zeit beanspruchenden Urintest durchzuführen. Der vom Pädiater thematisierte Bluttest wäre im Nachhinein nicht vonnöten gewesen. Mögliche Hinweise dafür, dass bei dem 4-jährigen Mädchen kein „klassischer" Infekt vorliegt, waren das fehlende Fieber sowie keine weiteren typischen Symptome wie Husten, Schnupfen, Erbrechen oder Durchfall. Diese Auffälligkeiten wären beim Hinterfragen durch den ersten Schritt (A) der „Good Practices" („Wenn es nicht das ist, woran ich denke, was könnte es dann sein?") möglicherweise aufgefallen. Weiter sollte insbesondere in Kinderarztpraxen und zudem während besonderer Zeiten wie der Coronapandemie darauf geachtet werden, dass bestimmte Umstände wie sie unter (B) formuliert sind, dazu führen können, dass manche Kategorien, wie hier die „Infekte", kognitiv besonders leicht verfügbar sind. Nicht zuletzt ist zu empfehlen, dass in der Ärzteschaft eine Sensibilität dahingehend geschaffen wird, dass der ständige Zeitmangel und das Stresslevel die Gefahr von Fehlurteilen erhöhen und eben deshalb ein Innehalten im Sinn einer analytischen Reflexion zum Alltag gehören sollten, um folgenschwere Fehldiagnosen zu vermeiden.

Literaturverzeichnis

Bröder, A., Hilbig, B. E. (2017). Urteilen und Entscheiden. In: Müsseler, J., Rieger, M. (Hrsg.). Allgemeine Psychologie, Berlin. S. 619-662.

Dölken, M. (2006). Clinical Reasoning – Untersuchen und Behandeln als Prozess, Manuelle Medizin 44, 193-198.

Fischer, P., Jander, K., Krueger, J. (2018). Sozialpsychologie für Bachelor. Berlin.

Gäbler, M., Denkfehler bei diagnostischen Entscheidungen. Wiener Medizinische Wochenschau, 157, 333-342.

Herbst, A., Kiess, W. (2007). Diabetes mellitus Typ 1 – Perioperative Betreuung von Kindern und Jugendlichen, Diabetologe 3, 286-292.

Kahneman, D., & Tversky, A. (1972). Subjective probability: A judgment of representativeness. Cognitive Psychology, 3(3), 430–454.

Kargl, S. Diagnostische Fehler durch kognitive Verzerrungen – Der Pfad klinischer Entscheidungsfindung bietet viele Gelegenheiten, falsch abzubiegen, Pädiatrie & Pädologie 2, 73-78.

Kovic, M. (2018). Werkzeuge gegen kognitive Verzerrungen im klinischen Alltag, Schweizerische Ärztezeitung 99 (6), 185-187.

Mandell, B. F. (2021). Kognitive Fehler bei der klinischen Entscheidungsfindung, Zugriff am 20.05.2023, verfügbar unter: https://www.msdmanuals.com/de-de/profi/spezielle-fachgebiete/klinische-entscheidungsfindung/kognitive-fehler-bei-der-klinischen-entscheidungsfindung#:~:text=Kognitive%20Fehler%20k%C3%B6nnen%20grob%20klassifiziert,ernst-hafte%20Pr%C3%BCfung%20aller%20relevanten%20M%C3%B6glichkeiten.

Nitzsch von, R. 2021. Entscheidungslehre – Wie Menschen entscheiden und wie sie entscheiden sollten, 11. überarb. Aufl., Wiesbaden.

Ott, M.-C. (2021). Stoffwechselentgleisungen und Ketoazidose im Kindesalter, Heilberufe 5/2021 / 73, 18-21.

Pfister, H. R., Jungermann, H., Fischer, K. (2017). Die Psychologie der Entscheidung. Eine Einführung (4. Aufl.), Berlin.

Pohl, R. F. (2007). Ways to assess hindsight bias. Social Cognition, 25, S. 14–31.

Triacca, M.-L-, Gachoud, D., Monti, M. (2018). Kognitive Aspekte medizinischer Fehler, Swiss Medical Forum – 18 (13-14), 304-307.

Tversky, A., & Kahneman, D. (1973). Availability: A heuristic for judging frequency and probability. Cognitive Psychology, 5(2), 207–232.

Tversky, A., & Kahneman, D. (1974). Judgment under uncertainty: Heuristics and biases. Science, 185, 1124–1131.

Tversky, A., & Kahneman, D. (1982). Judgments of and by representativeness. In D. Kahneman, P. Slovic, & A. Tversky (Hrsg.), Judgment under uncertainty: heuristics and biases, 84–98.

Tversky, A., & Kahneman, D. (1983). Extensional versus intuitive reasoning: The conjunction fallacy in probability judgment. Psychological Review, 90, 293–315.

Werth, L., Denzler, M., Mayer, M. (2020). Sozialpsychologie – Das Individuum im sozialen Kontext, Berlin.